AF586163

Bibliothèque du Tuyau

Catalogue Général

Quedlinburg am Harz
Mars 1916

Édition du Tuyau.

Notice.

Lorsque nous [illegible] notre catalogue en Novembre dernier, nous pensions que la Bibliothèque du Tuyau avait à peu près fini de s'enrichir et que l'impression de courts suppléments, à des dates assez espacées, suffirait à tenir nos lecteurs au courant des nouvelles acquisitions. Des envois très importants, tellement importants que nous n'en avons gardé qu'une partie et cédé le reste à la Bibliothèque Générale du camp, nous ont obligés à la refonte complète du catalogue.

Nous avons tenu cette fois, au lieu de classer simplement les ouvrages par ordre alphabétique d'auteurs, comme nous l'avions fait précédemment, d'établir certaines grandes divisions selon le genre des œuvres. Des lettrés trouveront peut-être notre classification à la fois simpliste et arbitraire et pourront sourire en voyant côte à côte des auteurs de genre et de talent aussi disparates. Nous reconnaissons les imperfections de ces divisions, mais nous avons cru rendre service à la majorité des lecteurs en séparant nettement les ouvrages sérieux, si nous osons nous exprimer ainsi, et les autres. Nous pensons de cette manière permettre à nos camarades selon qu'ils cherchent à s'instruire ou simplement à se distraire, de dire dans quelle partie du catalogue il trouvera l'ouvrage qui satisfera ses désirs.

Nous recommandons une fois de plus dans l'intérêt de la bibliothèque et dans celui de tous les lecteurs de prendre le plus grand soin des livres; on les trouvera [illegible] de laisser un livre sali, décousu, à feuillets froissés ou déchirés. Il dépend des lecteurs de les maintenir en bon état de conservation; nous [illegible] chacun [illegible] [illegible] [illegible]

Règlement.

1° Une bibliothèque a été fondée sous les auspices du Journal le "Tuyau". Elle se compose de livres offerts par nos camarades. Elle est ouverte, en principe, à tous les lecteurs du "Tuyau" du 1er camp

2° La bibliothèque est ouverte, pour les échanges, au "Tuyau" chaque soir de 7 à 8 heures.

3° Les livres sont prêtés au maximum pour 8 jours. Celui qui conservera un livre au delà de ce délai sera frappé d'une amende de 10 Pf. par jour de retard.

4° Le prêt est rigoureusement personnel, celui qui a emprunté un livre ne doit s'en dessaisir sous aucun prétexte.

5° Le produit des amendes sera employé à l'entretien de la bibliothèque.

6° Le service de la bibliothèque sera supprimé à tout emprunteur qui ne se soumettra pas au règlement ci-dessus, qui aura détérioré un livre ou qui se refusera à payer l'amende dont il aura été frappé

Romans

Contes

Nouvelles

Souvenirs

Fantaisies

[illegible] romans [illegible]

[illegible]	15[illegible]	Le nez d'un notaire
	450	Les mariages de Paris
	102	Le roi des montagnes
[illegible]	133	Le Trust
	134	La force
	180	La ruse
	333	Au soleil de Juillet
	786	Le rail du sauveur
Acquefresse M.	701	Marguerite
Aimard Gustave	41	La Belle Rivière
	75	Les Francs-tireurs
	79	Le chercheur de pistes
	91	Les pirates des prairies
	96	La loi de Lynch
	131	La grande flibuste
	173	Curumilla
	174	Les chasseurs d'abeilles
	175	Le cœur de Pierre

Romans, contes nouvelles

Aimard	314	Le Souriquet
	411	Le cœur loyal
	412	Le grand chef des Auca
	413	La fièvre d'or
	414	Les bois brulés
	415	Valentin Guillois
Alanic Mathilde	902	La victoire de Jacques
Alencar José de	485	Indiens et aventuriers du Brésil
Allain Marcel	919	L'amour est maître
Allais Alphonse	435	Le Boomerang
Annunzio Gabriele d'	179	Episcopo et Cie
	344	Le feu
Aurevilly Barbey de	496	Les diaboliques
Auriol Georges	233	La lucarne

12 Romans Contes Nouvelles..

Auteurs contemporains 491 Dix nouvelles choisies
[illegible]

Balzac 19 Eugénie Grandet. Le curé de Tours
78 Le Père Goriot
196 Les Chouans
219 La maison du chat qui pelote
289 Grandeur et décadence de César Birotteau
290 Gobseck. La femme abandonnée
291 Eugénie Grandet
292 Ursule Mirouët
382 L'auberge rouge
390 La fille aux yeux d'or
406 Le médecin de campagne
445 Un ménage de garçon
446 La peau de chagrin
447 Les paysans
741 Louis Lambert
845 La Rabouilleuse

Barbusse Henri 240 Nous autres...

Romans. Contes. Nouvelles

Auteur	N°	Titre
Barrès Maurice	764	Le jardin de Bérénice
Bazin René	146	Le blé qui lève
	197	Donatienne
Bédier Joseph	113	Tristan et Iseut
Bernard Charles de	838	Gerfaut
Bernard Tristan	769	Mémoires d'un jeune homme rangé
	833	Mathilde et ses mitaines
Bertheroy Jean	720	Journal de Marguerite Plessis
	66	Le mime Bathylle
Bodève Simone	26	La petite Lotte
Boissière Albert	102	Z..., le tueur à la corde
Hermant Abel	296	Le palais Palmacamini

Romans Contes nouvelles.

[illegible] Henry	4	La croisée des chemins
	95	L'amour qui passe
	244	Le lac noir
	303	La neige sur les pas
[illegible] Paul	763	Cruelle énigme
	863	Le démon de midi
	316	André Cornélis
	339	Un divorce
	391	Le fantôme
[illegible] de	104	L'amoureux de [illegible]
[illegible] Louis	865	Journal de Li-La
[illegible] Louis	14	Le capitaine Casse-cou
	481	Les 10 millions de l'Opossum Rouge
	482	De Paris au Brésil par terre
	898	Sans-le-sou

Romans, Contes, Nouvelles

Boylesve René	2	L'enfant à la balustrade
	142	Le meilleur ami
	204	Le parfum des îles Borromées
	360	Récits des temps mérovingi…
Brantôme	362	Vie des dames galantes
Brédeah	913	La soif du luxe
Brête Jean de la	27	Badinage
Brisson Adolphe	772	Floise Bonheur
Capus Alfred	758	Années d'aventures
	871	Robinson
Cahn Théodore	870	L'oubli
Casanoza Honce	394	Phryné

Case Jules	411	Le salon du quai Voltaire
Castaigne André	357	Les folies "Bill Toppers"
Chabrol Albéric	355	La maison des dames
Chateaubriand	416	Souvenirs d'enfance et de jeunesse
Chateau Pierre du	888	Premiers frimas
	890	Femme d'officier
Chantepleure Guy	73	La Passagère
Chapelle Eugène	897	Le procès Pictompin
Cherbuliez Victor	753	La bête
	793	Le fiancé de Mlle Saint-Maur
	813	Après fortune faite
Chérau Gaston	759	La prison de verre

Choiseul-Meuse	n° 2147	Entre chien et loup
Claretie Jules	8	Noris
	59	La Mansarde
	136	Brichanteau comédien
	147	Puyjoli
	190	Le petit Jacques
	844	Le million
	892	Les amours d'un interne
	912	Le train 17
Clésio Paul	907	Mariage de raison
Conan Doyle Arthur	253	Le parasite
	254	Un duo
	256	La grande ombre
Coppée François	98	La bonne souffrance
	202	Toute une jeunesse
	766	Les vrais riches
	882	Rivales

Romans, Contes, Nouvelles

Coquelin Cadet 297 Le livre des convalescents

[illegible] 209 La mémoire du cœur
791 Vénus
864 Les frères Jolidon

Coulevain Pierre de 105 Noblesse américaine

Courteline Georges 293 Boubouroche
922 Mrs les Ronds de cuir

Couvreur André 865 Une invasion de macrobes

C[illegible] Edmond 914 Au delà du cœur

Cunisset Carnot 182 Étrange fortune

Dugué Lucien 899 Sans boussole

Daudet Alphonse	110	Numa Roumestan
	109	Contes du Lundi
	130	Tartarin sur les Alpes
	131	Fromont J^ne et Risler A^né
	132	Sapho
	259	Tartarin de Tarascon
	379	Lettres de mon moulin
	361	Rose et Ninette
	949	Le Nabab
Daudet Lucien Alphonse	433	Le Prince des cravates
Daudet Ernest	224	Les Duperies de l'amour
	255	Les aveux d'un terroriste
Daudet Léon	330	Les deux étreintes
Debans Camille	788	Maumousse
Decourcelle Pierre	268	Gigolette
	269	Amour de fille

Romans. Contes Nouvelles

Delarue-Mardrus Lucie	234	Un cancre
Delys Lucien	787	Lumière sanglante
Delpit Albert	352	Solange de Croix-Saint-Luc
Dickens Charles	69	Historiettes et récits du foyer
	137	Conte de Noël
	1149	d°
	742	La maison hantée
	832	Olivier Twist
Diderot	430	Le neveu de Rameau
Dolley Maisy	395	Le sabre de bois
Dombre Roger	308	Un tuteur embarrassé
Droz Gustave	735	Le cahier bleu de Mlle Cibot
Duchêne Ferdinand	302	Au pas lent des caravanes

Dumas Alex fils	35	Affaire Clémenceau
	125	La dame aux Camélias
Dumas Alexandre	812	Les trois mousquetaires
	122	Vingt ans après
	456	Amaury
	457	La Colombe
Du quesnel Félix	252	La bande des habits noirs
Duruy Georges	193	Victoire d'âme
	194	L'unisson
Duvernois Henri	260	Le veau gras
	947	Les demoiselles de perdition
Érasme	294	Colloques choisis
Erckmann-Chatrian	15	Contes Vosgiens

22. Romans, contes, nouvelles

Faber Leona	334	Lettres d'une divorcée
Feli Victor	905	Dinah la Paria
Ferry Gabriel	829	Le coureur des bois
Ferracques et Brécheumont	885	Rolande
Ferral Claude	274	Un double amour
Fescourt Henri	215	Souvenirs d'Aimée Lemandier
Feuillet Octave	141	Histoire d'une parisienne
	432	Le roman d'un jeune homme pauvre
	771	La morte.
Féval Paul	839	Les mystères de Londres
Fischer Max et Alex	385	Mariages de raison
Flaubert Gustave	81	Trois contes
	893	Un cœur simple

Foley Charles	11	L'arriviste amoureux
	160	Mulot et gendres
Fortuny Pascal	756	L'altesse
Fournier & Rogerdes	916	Fin de race
France Anatole	34	Le livre de mon ami
	82	Jocaste - Le chat maigre
	184	Le crime de Sylvestre Bonnard
	948	L'affaire Crainquebille.
France Jeanne	915	Fortunes maudites
Frapié Léon	1	L'écolière
	128	L'institutrice de province
	495	La maternelle
	498	L'enfant perdu
Gaboriau Émile	56	L'affaire Lerouge
	267	La corde au cou
[illegible] Jules	841	La chatelaine

24. Romans et Nouvelles

[illegible] Paule de	903	L'orgueil d'une mère
	909.	La légende du bonheur
Garnier Paul Louis	399	Amanda
Gauthier Théophile	217	Jettatura
	262	Le capitaine Fracasse
	264.	Melle de Maupin
Geiger André	238	Maï la Basquaise
Gérard Jules	808	Le tueur de Lions
Germain Henri	230	Le capitaine Tire-laine
Ghensi P. B.	819	L'opéra romanesque
Giafferi Paul	337	Les Mamans
Green Katharine	49	La dame au diamant

Gojon Edmond	235	Le Petit Germinet
Goncourt Ed. & J.	272	Madame Gervaisais
	318	Soeur Philomène
	329	Renée Mauperin
	768	Germinie Lacerteux
Goncourt Edmond	201	La Faustin
	500	La fille Elisa
Gyp	138	L'amoureux de Line
	139	Pervenche
	144	Le mariage de Chiffon
	242	La meilleure amie
	243	Le cœur de Pierrette
	319	Joies d'amour
	321	Leurette
	369	Totote
	377	La bonne Galette

Hamp Pierre	486	Marée fraîche – Vin de Champagne
Harry Myriam	323	L'île de volupté
	331	La divine chanson
	875	La petite fille de Jérusalem
Hennique Léon	223	Benjamin Rozes
Hervieu Paul	347	L'armature
	776	Deux plaisanteries
Hermant Abel	200	La biche relancée
	207	Eddy et Paddy
	249	Le joyeux garçon
	263	Daniel
	327	La fameuse comédienne
	760	Les grands bourgeois
	761	Mr de Courpière marié
Hoffmann	178	Le violon de Crémone
	452	Contes fantastiques

Hugo Victor.	250	Les travailleurs de la mer
	418	Morceaux choisis
Huysmans J.K.	265	Les sœurs Vatard
Ibanez Blasco	774	Dans les orangers
Ivoi Paul d'	187	Massiliague de Marseille
	188	Les Semeurs de Glace
[illegible]	410	Le sang
[illegible]	[illegible]10	Mort ou vivant
[illegible]	834	La chanson de l'orient
Kéroul Henry	270	Le petit muet
Kingston	483	Aventures chez les peaux-rouges

Kipling Rudyard	848	Simples contes des collines
Kistemaeckers Henry	340	Will, Trim et Cie
Laclos Choderlos de	78	Les liaisons dangereuses
Landay Maurice	307	Carot - Coupe tête
	308	d° Le chevalier Belamour
	309	d° La comtesse noire
	310	d° Mamzelle Mitraille
Larchey Lorédan	826	L'esprit de tout le monde
Le Armandie Léonce de	405	Amour servile
Latour Maxime	370	Mariée à son patron
Launay Louis	57	La reine des cambrioleurs
Lavedan Henri	30	Le bon temps
	203	Le vieux marcheur
	315	Sire

Leblanc Maurice	258	La robe d'écailles roses
Le Goffic Charles	921	La Payse
Le Monnier. [illegible]	917	Le maître du Rousay
Leroux Gaston	872	Le mystère de la chambre jaune
	873	Le parfum de la dame en noir
[illegible]	3	Jacquou le Croquant
[illegible]	383	Aventures de Gil-Blas de Santillane
Lichtenberger	868	Minnie
Lie Jonas	775	Le Galérien
Lombard Jean	336	Loïs Majourès
[illegible]	865	L'amour de la vie. La foi des hommes

[illegible]

[illegible]	748	Daphnis et Chloé
[illegible]	106	Ellen
Loti Pierre	31	Ramuntcho
	226	Le roman d'un spahi
	342	Le mariage de Loti
Louÿs Pierre	245	Aphrodite
	798	Sanguines
Lytton Lord	386	Les derniers jours de Pompéi
Maizeroy René	842	Les passionnées
	849	L'amant de proie
Maldague Georges	276	Mamz'elle Trottin
	351	La pariade
	387	La mare aux folles
	895	Sans pitié

Romans contes. nouvelles [illegible]

Malot H. [illegible]	317	Le docteur Claude
	37[illegible]	Un beau frère
	[illegible]	Le sang-bleu
	103	Baccara
	877	Une belle mère
[illegible] [illegible]	237	Conte de M[illegible] [illegible]
[illegible]	86	Misère
[illegible]	169	[illegible]
[illegible]	65	La grande
	119	La flamme
	[illegible]	La confession d'une femme
	325	L'aveu
	361	La tourmente
[illegible]	869	Jeunes filles

32. Romans, contes, nouvelles

Mary Jules	220	Un coup de revolver
	365	Le wagon 303
Maupassant Guy de	312	Yvette
	349	d°
	436	Ce cochon de Morin
	437	Melle Perle
	439	Le Vagabond
	440	Le champ d'Oliviers
	441	Hautot père et fils
	442	L'Auberge
	443	Le vieux
	444	En famille
	464	L'Héritage
	465	Le père Mongilet
	470	Le père Amable
	827	Miss Harriet
Mayne Reid	15	Les exilés dans la forêt
	191	Les partisans
	192	La quarteronne

Maze Jules	755	Les amants de Trigane
Mendès Catulle	208	Zo'har
[illegible]	487	Thermidor
[illegible] Jean	167	Les baronnes de Roche-Noire
[illegible]	409	Bingo
Mitchell [illegible]	25	Petite sagesse
Montépin Xavier de	363	Les filles du Saltimbanque
Moselly Émile	60	Fils de guerre
Moulin [illegible] [illegible]	298	Aventures de Mathurin
Mouton Eugène	21	Marius Cougourdan
Murger Henri	51	La vie de Bohème

[illegible]	221	Mimi Pinson
[illegible]	239	Ma sœur Monique
[illegible]	906	Une vie brisée
[illegible]	83	Le Revenant
	110	Gens de la noce
	143	Volonté
	392	Roi de Paris
	124	Lise Fleuron
	434	Le brasseur d'affaires
	782	Le curé de Favières
	820	Hermod et Cie
[illegible]	750	Les femmes des autres
[illegible]	84	La chair à [illegible]
[illegible]	12	[illegible]

Peronnet Mr Charles 889 Après l'épreuve.

Perrin Jules 241 Annaïk dans place

[illegible] oume 388 Gatienne

Pol Edmond 847 Contes Etranges

Ponsard Albert [illegible] 353 Amours

Ponson du Terrail 275 Cadet Tripouille

Porcel [illegible] 398 Rien n'est...

[illegible] 246 La princesse [illegible]
288 Mel Mr Meloch
322 L'automne [illegible]
324 Cousine [illegible]
366 [illegible] Françoise mariée
367 [illegible]

Prévost Marcel	96	Henriette Deraisme
	816	Le pas relevé
	920	Chouchette
Provins Michel	402	Nos petits cœurs
	403	Le professeur d'amour
	407	Un roman de théâtre
	419	Comment elles nous prennent
Rabelais	99	Œuvres
Rageot Gaston	362	La lumière rouge
Raine Ralph.	251	La victoire imprévue
Rameau Jean	22	L'ami des montagnes
	129	Le roman de Marie
Raubie Jules	765	Amours congolaises

Romans. Contes Nouvelles

Regnier H. de	64	Les vacances d'un jeune homme sage
	332	Le bon plaisir
	770	Les rencontres de Mr de Bréot
	792	Le mariage de minuit
	817	Le plateau de laque
Riche Daniel	222	Amours de mâle
Richepin Jean	135	Madame André
	247	La glu
Robert [illegible]	206	Un tendre
Rod Édouard	181	Dernier refuge
	3[illegible]3	Les roches blanches
	835	Le silence
	846	La vie privée de Michel Teissier
	874	Le glaive et le bandeau
Rod[illegible] Aimé	475	Chez Satan

Romans [illegible]

[illegible]	[illegible]	[illegible]
[illegible]	400	[illegible]
[illegible]	[illegible]	[illegible]
	[illegible]	[illegible]
[illegible]	[illegible]	[illegible]
[illegible]	[illegible]	Le docteur quentin
[illegible]	[illegible]	Nono
	[illegible]	Le vieux Quarain
[illegible]	[illegible]	[illegible]
[illegible]	[illegible]	Julie ou la Nouvelle H[illegible]
	[illegible]	[illegible]
[illegible]	[illegible]	[illegible]
	[illegible]	[illegible]
	[illegible]	[illegible]
	71	Robert de Campignac
	[illegible]	[illegible]

Auteur	N°	Titre
[illegible]	484	La reine des cumbres
Sand George	114	Elle et lui
	145	Le dernier amour
	425	François le Champi
	448	Le meunier d'Angibault
	453	Légendes rustiques
	497	Indiana
	825	Horace
Sandeau Jules	458	Un héritage
Sarcey Francisque	815	Souvenirs de jeunesse
[illegible]	302	Le génie de l'Amour
[illegible]	788	Flamberge
[illegible]	824	Peau de satin
[illegible]	123	Un mariage officiel

Les romans [illegible]

[illegible]	3	Journal de Claud-Barbaut
	189	Gribiche
[illegible]	976	Les loisirs de Berthe Pivoine
[illegible]	811	Mengeatte
[illegible]	780	Chez Satan
[illegible]	736	L'amour menteur
[illegible] Abel	918	L'héritage de Sans-patience
Sienkiewicz	89	Quo Vadis!
	[illegible]	[illegible]
	828	Madame Elzen
	837	Rivalité d'amour
[illegible]	[illegible]	Récit de belle humeur
[illegible]	911	La petite sœur de [illegible]

[illegible] Émile	257	L'écueil
Soulié Frédéric	301	La lionne
Souvestre Pierre	84	Fantômas
et Allain Marcel	58	d° (le fiacre de nuit)
Stevenson Louis	804	Les pilleurs d'épave
Stendhal	127	La Chartreuse de Parme
	156	Le rouge et le noir
Sue Eugène	364	Le juif errant
Terrail Ponson du	785	Les millions de la Bohémienne
Thackeray W. M.	118.	La foire aux vanités
Theuriet André	9	La chanoinesse
	61	Sauvageonne
	63	La petite dernière

Romans [illegible]

[illegible] André	198	L'oncle Scipion
	210	Les amours d'Olivier
	206	Les mauvais ménages
	206	Contes tendres
	206	Cœurs meurtris
	702	La maison des deux Barbeaux
Tinseau Léon de	117	La deuxième page
[illegible] Marcel	494	Antoinette Montjoie
Tolstoï Léon	116	Résurrection
	123	Souvenirs d'enfance et de jeunesse
[illegible]	212	Le Rebouteur
	813	Le train jaune
Tourgueneff Ivan	809	Souvenirs d'enfance
[illegible] Twain	358	Exploits de Tom Sawyer
	773	Le cochon dans les truffes

Romans. Contes. Nouvelles 43.

Tinayre Marcelle	23 E	Hellé
	341	La Rebelle
	866	La douceur de vivre
Elchard Maria	894	Mon oncle Barbassou
Saucaire Maurice	396	Le piège
	397	La petite madame Bec et ongles
Vandérem Fernand	783	La cendre
Varèze Claude	805	La route sans clochers
Vast Ricouard	821	La haute pègre
Véber Pierre	199	Les rentiers
	287	L'aventure
Vigny Alfred de	18	Stello
	92	Cinq-Mars
	124	Servitude et grandeur militaire

[illegible]	304	[illegible] triomphe du cœur
[illegible]	108	Jean d'Agrève
[illegible]	24	Le bar de la Fourche
Voltaire	739	Candide
Weiss J.J.	814	Notes et impressions
Wells H.G.	175	Les premiers hommes dans la lune
[illegible]	85	Mino
	286	Les égarements de [illegible]
Willy-Colette	797	L'entrave
[illegible]	140	Sacré Léonce!
[illegible]	185	L'ami de [illegible]
[illegible]	97	Madeleine [illegible]
	167	La [illegible]

Théâtre.

Théâtre.

Adam Paul 509 Les Mouettes

Aderer Adolphe 510 Ces messieurs sont fous
[illegible]

d'Annunzio Gabriele 511 La fille de Jorio
512 Le martyre de St Sébastien

Anthelme Paul 513 Nos deux consciences
283 L'honneur japonais

Arquillière 514 La grande famille

Augier Emile 423 Le gendre de Mr Poirier

Auzanet Jean 505 Le double madrigal

Bataille Henry 515 Maman Colibri
516 La marche nuptiale

Bataille Henry	501	Poliche
	517	La femme nue
	518	Le scandale
	519	La vierge folle
	520	La déclaration
	521	L'enfant de l'amour
	522	La Phalène
	523	Les flambeaux
	279	Le songe d'un soir d'amour
Beaumarchais	13	Le mariage de Figaro
Becque Henry	524	Les Polichinelles
[illegible]	525	Papillon dit Lyonnais le juste

[illegible]	526	Le capitaine [illegible]
Bernard [illegible]	[illegible]	[illegible]
	527	Monsieur Coltournat
	528	Le Poulailler
	529	Le peintre exigeant
	530	Le danseur inconnu
et [illegible]	531	Le costaud des Épinettes
	532	L'incident du [illegible]
[illegible]	533	L'accord parfait
[illegible]	534	On naît esclave
	535	Les phares Soubigou
	536	La Gloire ambulancière
[illegible]	537	Les deux canards
	538	Jeanne Doré
[illegible]	539	[illegible]

Bernède Arthur	540	Sous l'épaulette
Bern[illegible]in Henry	541	Le Bercail
	542	La Rafale
	543	La Griffe
	544	Le Voleur
	545	Samson
	546	Israël
	547	L'assaut
	548	Le détour
	549	Le secret
Berr Georges	150	J'ose pas
B[illegible]cin	550	La Retraite
Berton Pierre	551.	La rencontre

[illegible]	552	La furie
[illegible]	549	L'homme nu
[illegible]	553	Chateau historique
[illegible]	554	Les plumes du paon
[illegible]	555	Le Rubicon
[illegible]	556	Un divorce
[illegible]	557	L'émigré
	558	La Barricade
[illegible]	559	Un cas de conscience
	560	Le Tribun
[illegible]	561	La crise
[illegible]	562	La robe rouge
	563	Les remplaçantes

Brieux	564	La Petite amie
et Jean Sigaux	565	La désertense
	566	Les hannetons
	567	Simone
	568	Suzette
	582	La foi
	569	La femme seule
Capus Alfred	570	La Bourse ou la vie
	571	Notre jeunesse
	572	Monsieur Piégois
et L. Descaves	573	L'attentat
	574	Les Passagères
	575	Les deux hommes
et P. Veber	576	Qui perd gagne
	577	L'Oiseau blessé
	578	Un ange
	579	Les [illegible]

[illegible]	580	L'Aventurier
et Pierre Veber	581	En garde
	582	Les Favorites
	583	Hélène Ardouin
	584	L'institut de beauté
Cahnet Albert et Sorbets Gaston	525	Le roi s'ennuie
Cervantes Michel	450	Théâtre
Coxau Jacques et Croué Jean	585	Les frères Karamazov
[illegible]		
[illegible] Romain	586	Antoinette Sabrier
	587	L'enfant chérie
	588	Cœur à cœur
	589	Une femme passa
[illegible]	590	Mlle [illegible] de cuir

Auteur	N°	Titre
Courteline Georges et Pierre Wolff	591	La cruche ou j'en ai plein le dos de Margot
	668	La conversion d'Alceste
	777	Boubouroche. etc.
et Jules Levy	592	Le commissaire est bon enfant
Croisset Francis de	593	Le Paon
	594	Chérubin
et Emmanuel Arène	595	Paris-New-York
et Maurice Leblanc	596	Arsène Lupin
	597	Le cœur dispose
	598	L'épervier
et [illegible]	627	Le tour de main
Curel François de	599	La danse devant le miroir
Decourcelle Pierre	600	Le roy sans royaume
et [illegible]	601	La rue du Sentier

Descaves Lucien 602 La Préférée
et Nozière Fernand 603 La Saignée

Devore Gaston 604 Le Sacrifice

Donnay Maurice 605 L'autre danger
et Descaves Lucien 606 Oiseaux de passage
607 L'escalade
608 Paraître
507 Education de Prince
et Descaves Lucien 609 La clairière
610 Lysistrata
Jules Lemaître 611 Le mariage de Télémaque
285 Le ménage de Molière
285 2 fascicules

Dumas André et 612 Esther, princesse d'Israël
Sébastien Ch. Leconte

[illegible] 115 Denise

[illegible] 613 Sa fille

[illegible] 614 La maison d'argile

615 Timon d'Athènes

278 Les sauterelles.

616 Les vainqueurs.

617 Un grand bourgeois

[illegible] 532 Un jour de fête

[illegible] 618 Occupe-toi d'Amélie

619 On purge Bébé

533 Mais n'te promène donc pas toute nue.

[illegible] 663. Le masque et le [illegible]

536 La route fête

277 L'éventail
620 Les sentiers de la vertu
621 Le Bois sacré
622 Primerose
623 Papa
624 L'âne de Buridan
625 Le Roi
626 Miquette et sa mère
627 La chance du mari
628 La belle aventure

629 Le mariage de mademoiselle Beulemans

466 Blanche Câline
630 Montmartre

Farrère Claude et Frondaie Pierre	631	L'homme qui assassina
Frapié Léon	712	Sérénité
France Anatole	566	Au petit bonheur
Gandillot Léon	632	Vers l'amour
Gavault Paul et Berr Georges	633	Moins cinq.
	634	Mlle Josette ma femme
	635	La petite chocolatière
	636	Le bonheur sous la main
	284	L'idée de Françoise
	637	Le mannequin
Geffroy Gustave	50	L'apprentie
Gerbidon Marcel	638	Une affaire d'or

Théatre

Giacosa Giuseppe	639	Comme les feuilles.
Goethe	714.	Faust.
Gorsse Henry et Louis Forest	640	Le Procureur Haller.
Grillet Gustave	641	Rachel.
Guiches Gustave et P.B. Gheusi	642	Vouloir.
	643	Chacun sa vie.
Guinon Albert et J. Marni.	644	Le Joug
Guinon Albert et Alfred Bouchinet	645	Le bonheur
	646	Son père
Guiraud Edmond	647	Anna Karénine
Guitry Sacha	648.	Le scandale de Monte Carlo

Guitri Sacha	649	Le veilleur de nuit
	650	Jean III.
	651	Un beau mariage.
	652	La Prise de Berg-op-Zoom
Haraucourt Edmond d'après Bazin	653	Les Oberlé
Hennequin Maurice	654	Mon Bébé
Hermant Abel	655	L'Esbrouffe
et Camille Oudinot	656	Chaîne anglaise
	467	Les Jacobines
	657	Trains de luxe.
Hervieu Paul	658	L'enigme
	659	Théroigne de Méricourt
	660	Le Dédale.
	661	L'Armature.

Hervieu Paul	662	Le Reveil
	663	La Course du Flambeau
	664	Connais-toi.
	665	Bagatelle
Ibsen	1199	Les Revenants
Kampf Léopold	666	Le Grand soir
Kistemaeckers Henry	667	La Blessure
	668	L'instinct
et Eugène Delard	669	La Rivale
	670	Le marchand de bonheur
	671	La Flambée
	672	L'Embuscade
	673	L'exilée
	674	L'occident.

Lavedan Henri	675	Le Marquis de Priola	
	676	Le duel	
	677	Le nouveau jeu	
	678	Le goût du vice	
	679	Servir	
Loreze [illegible]	532		Le Respect de l'Amour
Lemaître Jules	680	La massière	
	681	Bertrade	
[illegible]	521	Pylade	
[illegible]	602	La maison des juges	
et Lucien Camille	67?	Alsace	
Lorrain	832	Théâtre.	

Lorde A. et E. Morel	527	Terre d'épouvante
Louys Pierre et Frondaie	736	La femme et le pantin
Marguerite Victor.	555	L'imprévu
Marivaux	451	Théâtre de
	745	Le jeu de l'amour et du hasard
Meyer Forster Wilhelm	683	Viel Heidelberg
Mirbeau Octave	779	Les mauvais bergers
	684	Les affaires sont les affaires
Mirbeau Octave et Thadée Natanson	158.	Le foyer.
Maeterlinck Maurice	635	L'oiseau bleu.

Mitchell Georges	680	La maison
Molière	1492	Théâtre.
	746	Le Malade imaginaire
Moreau Émile et Charles Clairville	687	Madame Margot
Moreux Albert et J. Pérard	591	L'hirondelle
Musset	20	Théâtre
	1159	Comédies et Proverbes 1 vol
	1160	do 2 vol
	1161	do 3 vol
	1162	do 4 vol
Népoty Lucien	688	L'oreille fendue
	689	Les petits

Théatre

Niccodemi	690	Les Requins
Nigond Gabriel	529	— 1812 —
	830	Théatre
	831	Théatre.
Noussanne Leonide	691	Les Polichinelles
Nozière	692	Les deux visages
et C. Muller	693	La maison de danses
Picard André	694	Jeunesse
	695	L'ange gardien
	696	La Fugitive
	535	Dozulé
Pinero [illegible]	697.	La maison en ordre

Poizat Alfred	698	Sophonisbe
Porto Riche Georges	699	Amoureuse
	700	Le vieil homme
	701	Un drame sous Philippe II
	701	Les Malfilatre
Prévost Marcel	702	La plus faible
Provins Michel	703	Le Vertige
Prévost Marcel	704	Le Prétexte.
Richepin Jacques	705	La Marjolaine
[illegible] Jean	711	La [illegible]

Rivoire André	280	Le Bon roi Dagobert
et Besnard Lucien	706	Mon ami Teddy
et Yves Mirande	707	Pour vivre heureux
Rivollet Georges	708	Les Phéniciennes
Rothschild Henri de	692	La Rampe
Roessler Charles	10	Les messieurs de Francfort
Roux Xavier et [illegible]	709	L'enjoleuse
[illegible] Maurice	710	Patrie !
	711	La Sorcière
	712	La Piste
	713	Thermidor.

Auteur	N°	Titre
Sardou Victorien	714	Théodora
	715	L'affaire des Poisons
	716	La Tosca
Sée Edmond	717	La Brebis
Serao Mathilde et Decourcelle Pierre	718	Après le Pardon
Shakespeare William	719	Le roi Lear
	720	Jules César
	721	Macbeth
	722	Troïlus et Cressida
Sudermann Hermann	723	L'honneur
	724	Parmi les pierres
Térence	1100	Plaute [illegible]

Théâtre

Ohnet Georges	7[illegible]5	Le Passe-partout
	7[illegible]6	Gary.
Fran[illegible]	727	La brebis perdue
[illegible]ndérem Fernand	728	Cher maître
	705	Les Fresnays.
[illegible]	538	Jeanne Doré
	754	Le Calice
[illegible]	503	Les Grands
et [illegible]	729	La Gamine.
[illegible]	730	Un fils d'Amérique
[illegible]	731	L'âge d'aimer
	732	Le Ruisseau
et G[illegible]	504	Le Lys
	733	Les Marionnettes
	734.	[illegible]

Poésie

Philosophie

Arts

Voyages

Sciences Vulgarisation

Histoire

Art et Littérature.

Magazines

Poésie

[illegible]	1174	Femmes et naufrages
[illegible]	823	Contes du ... clos
[illegible]ier André	53	Oeuvres poétiques
Dante	112	La Divine Comédie
Hugo Victor	6	Le Pape La Pitié suprême
La Fontaine	743	Fables
Musset Alfred	458.	Poésies nouvelles
	311	Poésies
[illegible]	1173	Grains de sable.

Baudrillart	377	Économie politique et morale
Bouglé	375	Les idées égalitaires
[illegible]	376	La vie sociale et l'éducation
Descartes	778	Discours de la Méthode
Fonsegrive	806	Psychologie de la mode
Goyau Georges	162	Autour du catholicisme social
La Bruyère	5	Caractères
Lamennais	237	Paroles d'un croyant
[illegible]	100	Œuvres choisies
[illegible]	38	De l'esprit des lois

Mun Albert Comte de	103	Ma vocation sociale
Pascal	271	Lettres provinciales
Piat Abbé C.	374	La Personne humaine
Renan Ernest	740	Vie de Jésus
	784	Le Prêtre de Nemi
Rousseau J.J.	7	Emile
Michelet	76	De l'Amour.

Voyages

Adam Paul	437	Vues d'Amérique
Baratier Colonel	165	A travers l'Afrique
Barrett Wendel	148	La France d'aujourd'hui
Bellessort André	216	De Ceylan aux Philippines
Bo[illegible] major	469	Journal de l'expédition Stanley
Douel Martial	751	Au pays de [illegible]bô.
Flammarion Camille	218	Voyages en ballon
Flers Robert de	790	Vers l'Orient
Gomez Carrillo	810	L'âme japonaise
Huret Jules	228	Berlin
Loti Pierre	189	Jérusalem
	801	L'Inde sans les Anglais

74 Sciences · Vulgarisation

Fabre J.H.	925	La vie des insectes
	926	Les ravageurs
	927	Le ciel
Flammarion Camille	299	Le système du monde et Copernic
Graffigny H. de	90	Les hommes volants
Gros Charles	429	Autrefois et aujourd'hui
Launay L. de	48	L'histoire de la terre
Léautey Guilbault	920	Comptabilité
Swett Marden	766	L'homme qui réussit
	928	Pour faire son chemin dans la vie

César [illegible] 758 Guerre des Gaules.

[illegible] 372 Le Moyen âge

[illegible] 818 Le cardinal de Retz

[illegible] 883 Origines de la guerre de [illegible]

[illegible] 259 Le mémorial de Sainte-Hélène

[illegible] 750 La femme [illegible] histoire

[illegible] 790 [illegible]

[illegible] 829 Petite Histoire

[illegible] 780 Autour de [illegible]

[illegible] 1108 Vie [illegible]

Histoire

Thierry Augustin 760 Récits des temps mérovingiens

Tolstoï comte Alexis 227 Ivan le terrible

Bouchard Lafosse 881 Chroniques de l'œil de bœuf

Par Commandant 261 Campagnes du Capne Marcel 1808-1[illegible]

Littérature Arts.

Bayard Émile 752 Le Style Louis XVI

[illegible] Julien 749 Moreaux choisis

Durand [illegible] 177 La Cathédrale d'Amiens

[illegible] Pierre 490 Moreaux choisis

[illegible] 886 Vélasquez.

Gautier [illegible] 554 Alfred de Musset

[illegible] et arts

Goncourt	273	L'art au XVIIIe siècle
Guechot M.	428	Types populaires créés par les grands écrivains
Guillaume Edmond	939	Histoire de l'art et de l'ameublement
Hallays André	489	Nancy.
Havard	929	L'orfèvrerie
	930	L'horlogerie
	931	La céramique. histoire.
	934	4e . fabrication.
	932	L'ébénisterie.
	933	La verrerie
	935	La décoration
	936	La serrurerie
	937	La menuiserie
	938	Les styles
[illegible]	248	Maîtres conteurs français
[illegible]	816	Le roman au XVIIIe siècle

Sports.

Annel Gérard 9110 De la santé.
De la force
Lacamous Jean De la beauté.

Perrodil Edouard 313 Les Briseurs de chaînes

Roger Georges. 55 Les fêtes du muscle

Lectures pour tous	850
reliées par	851
semestres	852
	853
	854
	855
	856
	857
	858
	859
	860
	861
	862
Le [illegible] 15 Juin 1910	941
15 Août 1910	942
15 Sepbre 1910	943
15 Janv 1911	944
15 Nov 1911	945
15 Déc 1911	946

www.ingramcontent.com/pod-product-compliance
Lightning Source LLC
LaVergne TN
LVHW020036170826
845678LV00001B/283
9782329698021